Lettres d'un Solitaire

sur les Maux

du Temps

Première Lettre

BARRÈS

PARIS

P. OLLENDORFF

Prix : 50 centimes.

ANDRÉ DE SÉIPSE

LETTRES
D'UN SOLITAIRE
SUR LES MAUX DU TEMPS

Première Lettre

BARRÈS

PARIS

LIBRAIRIE PAUL OLLENDORFF

28 *bis*, RUE DE RICHELIEU, 28 *bis*

1899

Deux fois déjà, je vous ai prié, Monsieur, de me donner votre avis sur les maux qui déchirent la France, et les conjonctures funestes par où passe la patrie. Vous m'avez dit, alors : « Il faut attendre; il faut voir ce que va faire l'État. » Nous l'avons vu. Il a tout trahi; et lui-même avec le reste.

Le moment est venu de parler, si l'on a un mot à dire. Il nous faut, désormais, sortir de nous-mêmes. Je sais que vous n'êtes pas homme à répondre que votre opinion importe peu en l'espèce. Elle importe pour moi. Votre profonde solitude vous fait un rempart de méditations et de désintérêt, où vous n'attendez rien du monde. Ainsi vous ne pouvez être corrompu par personne, ni surtout, ce qui est à peine croyable, par vous-même. Répondez-moi. Je vous fus cher. Rompez un silence, que vous vous êtes donné pour règle, comme à nous, et qui ne doit pas vous être, aujourd'hui, moins lourd qu'à nous-mêmes.

SUARÈS.

RÉPONSE

Paris, le 3 janvier 1899.

Vous avez raison, Monsieur, de ne point douter de moi. Je ne m'accoutume point au désordre. Toute ruine m'est une offense. Et je ne me fais pas encore à désespérer de la France, à la mettre au tombeau, à haïr ni à mépriser mon pays.

Souvent déjà, j'ai pensé vous répondre. J'ai moi-même attendu, comme je vous ai dit d'attendre. Nous avons fait crédit à l'État. Nous l'avons fait à tous les coupables, quels qu'ils fussent. Nous leur avons laissé à tous le recours du temps et de la conscience. Le temps qui fuit ouvre la route à ce qui reste ; c'est le fourrier de la Mort. Et la conscience, qui demeure muette, ou ne peut se faire entendre, est le témoin irrécusable d'une intelligence déchue, d'un esprit qui se meurt. Le grand Tolstoï, comme vous savez, a proposé son mal à la France, comme un cas de conscience à résoudre. Il y faut trouver la solution, sans tarder. On ne vit pas entre deux négations. Il faut un point d'appui à la vie, ou renoncer à vivre. On ne l'obtient que dans l'équilibre. Qu'est ce bien : la vie, sinon un équilibre entre des

forces contraires? Mais elles ne se détruisent l'une l'autre
que dans les petits esprits. L'État vit de politique. Il
repose sur le Juste; et il se conserve par la Force. Qui-
conque, et Tolstoï lui-même, combat l'une de ces forces
à l'aide des autres, est un anarchiste. Il n'y a point d'ennemi des lois, qui ne le soit de la vie. C'est ici la vie
qu'il faut défendre.

Je hais l'Anarchie. La haine de l'Anarchie est le propre de l'homme : le désordre n'est que le propre de
l'animal humain. L'ordre est le lieu de l'esprit. Le
mal de la France est l'anarchie.

Les passions privées se donnent carrière, comme les
maladies et les crimes dans une ville assiégée, où l'autorité est détruite. Chacun ne voit que soi dans l'opinion qu'il soutient. Cet amour-propre est ruineux de
toutes. La pensée la plus forte perd ainsi toute sa force,
et, par un juste retour, participe de la faiblesse des indi-
vidus. L'objection s'est faite insulte; le dissentiment
menace et calomnie. Paris n'est plus qu'une cour do-
mestique, où l'évier des rancunes dégoutte de toutes
parts, à tous les étages, au milieu des reproches, des
cris de haine et des injures. Ceux qui se croient du
même avis font de leurs entretiens une auberge de
délation ou de rage. Les meilleurs vivent dans la crainte,
ou affectent de craindre. On parle de coup de force avec
indulgence. On se fait à l'idée de la violence; on rougit
même d'y répugner. Le massacre est un parti élégant :
on n'est pas loin d'y sourire. La faiblesse de l'État a
engendré une lâcheté universelle. Personne n'ose plus
regarder la Réalité en face : on prend, avec ce qui la
déforme, toutes sortes de ménagements. La vérité

seule ne recherche pas d'indulgence. Sa nudité choque
ceux que l'assassinat et le meurtre ne blessent même pas.
Chacun d'eux voile brutalement en elle le côté qu'il ne
veut pas voir. Et c'est au contraire avec le mensonge
qu'il est toutes sortes d'accommodements.

La pleine anarchie se révèle dans la chute de la Raison. L'impuissance de la Raison est son fait. Vous verrez
aujourd'hui tous les partis déraisonner sur de bonnes
raisons. Le vice des hommes vicie la saine pensée, sans
quoi tout jugement est vicieux. Ceux qui font profession d'être intelligents, et ceux, plus humbles, qui font
profession de ne pas l'être, n'ont également point la
portée nécessaire, pour embrasser du regard tout leur
objet. L'intelligence manque le plus. La forte raison est
affaiblie comme tout le reste. Elle aussi n'est fondée que
sur l'Ordre. Le paradoxe d'un Barrès, prenant la cause
de l'État en mains, en est une preuve presque tou-
chante, à force de ridicule. Et pour mieux vous le
montrer, je vous parlerai de ce Barrès, grand talent sans
aucun caractère.

La plus insupportable des contradictions, — quand elle
est sentie, — est celle par où toute la nature d'un homme
s'oppose de soi-même à tout ce qu'il fait, à tout ce qu'il
dit. Plus il veut donner de lui une certaine idée, et
plus lui-même la dément. Il suffit de le voir, pour rire
de l'image qu'il s'est faite de lui-même, et qu'il pré-
tend en faire. C'est toujours Benjamin Constant s'ima-
ginant de taille à lutter contre Napoléon. Mais il ne
peut même pas se débarrasser d'Ellénore. Il ne fallait
pas plus d'une clé dans le dos, et d'une place au Con-

seil d'État pour mesurer le sérieux de cette imagination, à condition, toutefois, que le brevet fût enveloppé de quelques principes. Voilà comme on traite ces fameux idéologues.

Honteux de l'être, c'est alors qu'ils n'ont point d'excuse. Mais que dire de Benjamin Constant se mettant en tête de donner des conseils à Napoléon sur l'art de mener les affaires publiques et de gouverner l'État? Et qu'en dire surtout, si, s'oubliant à rêver tout haut, il montre le regret de n'avoir pas été élevé à Brienne? Rivoli lui serait peut-être dû, ou Austerlitz ou Iéna. Brumaire plus sûrement encore. Il n'y a si bons bouffons que les plus graves. Le bon Père tuait en conscience; le bon Politique se prend en conscience pour une bonne tête. Les erreurs du talent ne sont pas petites. Il ne faut pourtant pas à cet idéologue, rival d'un grand homme, comme tant d'autres l'ont été d'un maître, que relire ses confessions : il y verra bien qu'il n'y a pas assez d'estomac. C'est de lui que nous le tenons. Il n'a pas moins étalé ses faiblesses de corps, qu'il ne découvre depuis celles de sa raison. Il s'est perpétuellement expliqué devant les autres, et semble ne s'être pas moins donné le change qu'à eux. Tout ce qu'on sait de lui, c'est de lui qu'on le sait, de ses coquetteries et de ses paroles. Car pour ses actes, ils sont nuls. Le néant en est dérisoire. Entre tant de sots, de traitants, de maquignons d'honneur, de députés enfin, où sa perle fut enchâssée dans le collier de pierres fausses du Parlement, lequel, fût ce le plus dénué d'esprit, le plus borné en ses vues, n'a pas agi plus que lui? — C'est là qu'il fallait se montrer, si non vain cre.

C'est là qu'il fallait trouver son siège de Toulon : que
ne savait-il feindre du moins, qu'il eût pu prendre la
ville? En un temps aussi misérable que celui-ci, il ne
s'agit guère que de faire illusion. Mais quoi, Constant
n'était pas encore mué en Bonaparte; il se bornait à le
servir, comme un autre du même nom. Devant Toulon
aux mains de l'ennemi, il ne pensait pas à le reprendre ;
mais seulement à prouver que tous les autres l'avaient
livré, que pas un d'eux ne serait jamais capable de
l'avoir repris. Il était si occupé à nier de toutes parts,
qu'il ne s'inquiétait pas d'être nié lui-même par la vie.
Fâcheux oubli.

Le voilà qui affirme sur toute chose, et qui abonde
en solutions positives. Mais s'il avait la mathématique
infuse, comme diverses autres sciences, dont la moindre
n'est pas la philosophie, il saurait bien que le problème,
s'il en est la donnée, est insoluble. Il n'est lui-même
qu'une valeur négative.

Il est absurde de lui faire le reproche d'avoir changé.
La vie exige le changement. La condition de la feuille
n'est pas celle de la graine. Ce qui est se développe; ce
qui se développe, change. Mais Barrès est l'homme le
moins riche de vie, qu'on puisse concevoir, entre tous
ceux qui comptent. Tout en lui tourne autour de la décadence; tout gravite dans la décomposition, et tombe
vers la mort. La mort est son lieu. La mort est son
centre. Non pas même la mort puissante, où la nourri-
ture nourrit les germes, et où la vie fermente. Non.
Mais la mort liquéfiée des murs qui croulent; des villes
mortes dont les débris ont la peste; des marais où l'air
fiévreux n'est plus respirable. La mort en poussière,

dont il recherche les aromes pervers, les mirages languissants, les séductions écœurantes.

Voilà l'homme, qui ne craint pas de faire le Politique: comme s'il y avait d'autre politique qu'une vue profonde et claire de la vie. Voilà le cadavre raisonnant, qui raisonne sur la force et le droit de l'État : comme si l'État n'était pas l'équilibre idéal de la vie, et comme si l'enthousiasme de la vie n'en faisait pas toute la force. Il n'y a point de signe plus misérable de la décadence, que de voir le plus ruiné des esprits se prendre pour le Camille qui doit relever la ville détruite, et faire de soi un étai à ces ruines. Il n'omet rien, dans ce beau zèle, que de se soutenir lui-même. Mais il a l'esprit trop clair pour ne point savoir que l'entreprise est vaine. On ne peut être autre que l'on est. Ainsi, ne pouvant l'être pour soi, on se flatte de le devenir pour les autres. Quel comble de vanité ! car, quelque effort qu'on y fasse, on est sa propre dupe, et l'on ne dupe point. Des habiles se serviront de vous. Les forts ne le daigneront même pas; et vous les servirez. Le peuple, comme l'enfant, se laisse tromper sur tout : hors là-dessus, où on ne le trompe point. Il sent où est la vie, il sent où est l'amour, il tombe en arrêt, comme un chien de bonne race. Qui porte la mort en soi est son ennemi; il n'en accepte ni le dévouement, ni les avances. Il ne lui sait même pas gré de son sacrifice.

Le peuple a peur des ruines. Il s'en détourne; il ne les aime pas; bien plus, il les méprise. Pour le peuple, comme dans l'État, où tout est édifice et vie, il n'est pas de belles ruines.

Ne reprochez donc point à Barrès d'avoir changé; ni

d'être passé de l'anarchie, et du bel esprit qui se plaît
à nier, à la politique, et aux idées solides de l'État.
Mais faites lui plutôt le reproche de n'avoir pas changé,
de ne le pouvoir jamais, et d'être immuablement le
même en ses feints changements. Accablez-l'en, si tant
est qu'il ne soit pas ridicule de faire un tel reproche.
Car il n'en faut pas faire, ni d'aucune sorte. On ne
comprend rien qu'en l'acceptant. Le haïr ou l'aimer,
c'est le choix qui nous reste. Sans doute, parce que le
cœur le fait pour nous ; et que cette dernière liberté se
trouve aussi ne plus être qu'une illusion.

Je pensai toujours que les mérites de Barrès sont uni-
quement de forme, en tous les ordres. Il a l'imagination courte, l'esprit ferme et pauvre : le regard clair ; la
vue étroite ; nulle invention ; l'estomac débile ; la plus
petite intelligence qui se puisse, au nombre des grandes ;
et pas l'ombre de caractère. Au total, c'est un rare pro-
duit de la rhétorique. Toutes ses idées sont à la force,
et il n'en a aucune. Il suffit à les ruiner toutes. C'est
notre Sénèque. Que n'est-il aussi ministre ? Que ne l'y
met-on ? Tout serait dit. — Mais le Romain, du moins,
ne se prenait au sérieux qu'en écrivant à Lucile. Par
là, il était honnête homme. Puis, il s'est coupé fort
galamment les veines, dans son bain ; et tout cœur bien
placé lui a, pour ce procédé-là, de la reconnaissance.
Sénèque a peut-être donné de bons conseils à Néron,
comme de mettre en croix ces chiens de Juifs, — il vou-
lait dire les Apôtres et les Saints du calendrier, — pour
suppléer à un nombre égal de stoïciens. Mais Sénèque
avait trop d'esprit pour prêcher le peuple dans le
Cirque, ni même le Sénat, ni les Académies. Il n'eût

jamais fait le Juriste, ni l'Aristote. Il eût prévu, qu'à
ses raisonnements sur la politique et les meilleures lois
pour la vie des citoyens et pour l'État, on eût toujours
pu répondre : « Qu'en savez-vous? » Il préféra ensei-
gner le mépris des richesses, et s'enrichir grandement
des mains mêmes de Claude changé en citrouille, et de
Néron, le plus accompli des bacheliers en philosophie.
Il méprisa de toutes ses forces le luxe et il en jouit de
tout son cœur. Vrai du reste en l'un et l'autre de ces
sentiments. Il avait l'ironie sincère, — qui est la seule
ressource qui reste aux ironistes, s'ils veulent qu'on les
croie : et d'abord il ne leur faut pas s'excepter eux
seuls de leur ironie; mais au contraire ils doivent se
l'étendre à tout propos. Par-dessus tout, qu'ils ne se
donnent pas pour des hommes de foi. Ou, ni on ne les
prendra pour ce qu'ils veulent être, ni on ne les souf-
frira en ce qu'ils sont.

L'esprit de Barrès est anarchique. Il l'a été dès le
début. Il ne l'est jamais plus que contre l'anarchie. Il
combat l'anarchie en anarchiste. Il n'a d'ordre ni dans
les pensées, ni dans les sentiments. Tout son ordre est
dans les mots. Un prodige d'anarchie, c'est lui, qui
exprime dans leur ordre des idées désordonnées. Il
soutient l'État, de la même manière qu'on le sape. Il
croit lui porter de l'aide, et il lui porte des coups. Son
esprit est si anarchique, qu'il ne s'entend pas lui-même.

Quand, je suppose, il veut montrer quelle tyrannie
les petits despotes de bureaux font peser, de Paris, sur
les derniers villages de la province, — il y propose ce
beau remède de donner aux tyranneaux de village les
moyens de faire, dans leur bourgade, ce que font les

bureaux à Paris. S'il s'agit de se prononcer entre les soldats et les juges, armés les uns contre les autres; entre le danger immédiat couru par la France, et le droit de la justice éternelle, — il prend parti pour les soldats, bien moins au nom de la Patrie et pour la défendre, que contre une classe de citoyens, et pour ruiner un ordre politique qu'il hait. Si l'on fonde une Ligue, où l'intérêt de la Patrie, à tort ou à raison, veut seul paraître, et, si cette Ligue appelle à soi, loyalement ou non, tous ceux que les malheurs de la Patrie émeuvent, et qui veulent l'arracher aux deux factions qui la déchirent, — Barrès entre dans la Ligue.

Mais c'est pour la rendre vaine, dès le premier pas. A son insu : tant il y a de négation en lui. Cette Ligue attend tout, à la fois, de la Justice et de l'Armée. Du moins, elle le doit : car, elle sait bien que, s'il n'y a point d'État sans force armée, il n'y en point, non plus, sans Justice. Les hommes sont des loups entre eux, avant d'être des tigres les uns contre les autres; et ils se dévorent sur place, avant de passer le ruisseau, qui sépare deux de leurs troupes avides. En anarchiste consommé, Barrès n'accepte d'une Ligue, où chacun, par principe, cède de ses préférences propres à quelque grand objet que tous préfèrent, — il n'en accepte que ce qui flatte son intérêt, ce qui plaît à son goût. La Ligue n'a de sens, que si chaque membre y entre pour admettre, au nom de la Patrie, les deux forces nécessaires dont chaque faction ne veut tolérer qu'une, en l'élevant contre l'autre. Barrès entre dans la Ligue, pour décrier d'abord l'une de ces deux forces, et par suite pour rendre aussitôt la Ligue inutile. Et, sans doute, l'est-elle, puisque Barrès y est. C'est encore en anarchiste consommé, qu'il propose, avec une apparence de logique, des raisons caduques, dont l'appareil de doctrine figure le bonnet carré sur la tête d'un muet. Il dit, justement, que beaucoup ont embrassé la cause de la Justice, qui n'ont eu dessein que de détruire l'Armée. Et ce sont des anarchistes. Mais il oublie de dire, qu'une foule a pris le parti de l'Armée, dans l'unique dessein de renverser la République, et de faire servir la Force à épuiser une haine féroce, une vengeance invétérée contre les Juifs, les Protestants, les Dissidents de toute sorte, voire la pensée laïque et l'esprit libre. Et ce sont aussi des anarchistes : dont il est.

Cet homme a beau faire. Où qu'il aille, l'anarchie est avec lui. Et la raison profonde, où il ne pourra jamais rien, est celle-ci : qu'il est plein de mort, qu'il ne vaut rien pour la vie. La Mort, voilà l'Anarchie dans son triomphe. Voilà l'affreuse discorde. Voilà où pullulent les goûts contraires, et les désordres, sous forme de vermine ; ces vers hideux naissent de la même pourriture, et ils s'acharnent les uns sur les autres. Non contents de dévorer leur proie, ces immondes âmes de désordre se dévorent. Certes, il doit y avoir quelque ver, né de la cervelle, issu d'une bonne tête, qui harangue la cohorte des autres, et l'engage à former un État, à se donner des lois. Mais l'État de ces vers, c'est la destruction. Et leurs lois, c'est les passions de l'amour-propre, les Instituts infiniment viles de l'appétit. Et que ce ver, conseiller d'État, ait le discours spécieux et la rhétorique solide : pourquoi pas ?

Comme dit Dante, le Diable aussi est bon logicien.

Barrès est un homme de mort. Quoi qu'il prétende, il n'a donc de force que pour l'anarchie. A la vérité, la plupart de ceux qu'il combat ont été de ses amis, au temps où il se croyait des disciples. Et je suis libre de le dire, au milieu des anarchistes mêmes, s'ils ont fait la preuve que l'anarchie est moins forte en eux, qu'en lui, n'y étant pas de nature, comme elle est en lui, presque seul condamné à n'y échapper pas.

Tous les professeurs ont été jaloux de Barrès. Ils l'ont envié, dès l'abord. Ils ont reconnu en lui leur maître. Le premier des rhéteurs, qui ramène tout à soi, et l'enferme dans une phrase polie à la lime, c'était lui. Comme ils l'ont haï, par envie ! Comme il les a méprisés ! en vrais rhéteurs qu'ils sont, en vrai rhéteur qu'il est. Le prince de la rhétorique est celui qui philosophe. Barrès a commencé par où les autres veulent finir. Mais il leur a donné sur lui un grand avantage, le jour où ils lui ont vu cette vaine passion de parvenir. Vaine, dis-je, dans un homme de lettres ; car c'est la plus forte, et la plus belle de toutes, dans les héros, dans les forts. Mais il y faut la force. Une nature puissante ne se figure pas. Le style de l'âme n'est pas une plume. Un discours élégant n'a pas assez de grâce. Ce n'est pas assez d'un tour ingénieux et solide. Il faut ici le style de l'homme. Il ne suffit pas de chercher amoureusement la vigueur, et d'aduler la force, comme font les femmes, et les mandarins du Bas-Empire. Il faut la respirer.

Quelle ironie, d'un mandarin, élevé par leur propre jalousie au-dessus de tous les autres, qui se persuade de quitter sa place, et d'aller au milieu du brutal, du gros, du terrible peuple, — mais toutefois sans laisser la plume de paon et les boutons : l'artifice tue, dès qu'il se mêle à la vie. Un visage fardé peut plaire sous les lampes; au soleil, les fards font horreur aux yeux, comme une parure de momie. La vie ne veut point de commerce avec la mort, — hors l'inévitable qu'elle subit. Mais, ce muet et profond colloque n'est point mon sujet. C'est seulement l'inutile entretien de Barrès avec le peuple de Nancy, pris et repris dix fois. Que ne ferait-on pas pour être député, à Nancy? Tout le mal vient de là.

C'est depuis lors que Kant ne convient pas à l'esprit français[1], c'est depuis ce temps-là qu'une grave question se pose, s'il est pour deux et deux une manière nationale de faire quatre. Où ne va-t-on pas pour être député à Nancy? — Cessez, Barrès, d'en appeler à la France. Vous êtes bien osé de nommer Pascal, Descartes et la Révolution. N'en doutez point : vous eussiez été de ceux qui persuadèrent au grand homme de la Méthode, que le séjour de la Hollande était plus sain pour lui. Vous eussiez répondu par la raison d'État, voire celle des bons Pères, à l'immortelle malédiction du Solitaire, contre les persécuteurs de la justice, les soldats de la violence et ceux qui, condamnant Galilée sur ce que la terre tourne, ne l'empêchent pas de tourner, ni ne s'empêchent pas de tourner eux-mêmes avec elle. Où ne va-t-on pas, pour être député à Nancy? — On va même contre le mouvement de la terre.

---

1. Pour ne point parler de *mentalité*. Car, moi, qui n'aime point les mots barbares, je ne les emploie pas.

On va plus loin encore. On se tourne en dérision.
Vous êtes faible, Barrès. Vous êtes incapable de dés-
honneur. Vous n'êtes pas capable de crime. Ni des plus
grands, ni des moindres. Je vous en rends le témoignage.
Jusque dans votre mort, l'ennui de croire vous tour-
mente, et quelque soupçon de morale. Ce poison laisse
des traces. Vous éclatez de rire, s'il s'agit du devoir.
Mais ce n'est jamais seul à seul. Vous vous ennuyez trop,
pour rire du Devoir même ; et entre toutes vos ruines,
celle-là vous est la plus incommode : les décombres en
traînent partout. Ainsi donc, ne pouvant rien pour le
crime, vous cherchez à vous en donner les apparences.
Voilà la plus mesquine comédie du monde. Mais où ne
va-t-on pas, pour être député à Nancy ? — Vous vous
confondez en démarches. C'est en vain. Vous ne vous
déferez pas de Spinosa avec une seule injure, comme un
énergumène. Vous ne répondrez pas à tout par un cri,
fût-il de mort, ou une insulte. Dès lors à quoi bon ?

Gœthe vous fera une assez forte honte, de vous prendre
vous-même si à contresens que vous le faites. Allez :
vous ne vaudrez jamais Drumont pour la simplicité :
Voilà un noble esprit, et qui a une vue si simple du
monde ; grand philosophe qui plus est, comme chacun
sait, et même grand chrétien. La foi de Déroulède, vous
ne l'aurez jamais, ni même celle de ce candide et pur
génie, Forain, dont l'autorité est si vénérable en morale,
qu'il s'agisse du fait ou du droit. Vous ne mentirez
jamais comme eux. Et même, le voulant, vous ne sauriez
mentir comme eux ne le voulant pas, et annonçant au
contraire l'unique vérité, qui est la leur, cela va de soi.
Vous n'êtes pas de ceux à qui le royaume des cieux est

ouvert, par droit d'infirmité. Vous n'avez pas la foi, et vous ne savez assez vous abêtir. L'intelligence est en vous trop forte encore, pour ne vous pas laisser de doutes et ne pas vous encombrer de conscience. C'est une mauvaise herbe, cette conscience, vivace et drue, que l'esprit sème, et qui toujours pousse. Et à quoi bon vous faire tant de violences et de tant de sortes? Est-ce pour être député à Nancy? — Mais vous ne le serez pas.

ANDRÉ DE SÉIPSE.

Paris. — Typ. Chamerot et Renouard, 19, rue des Saints-Pères, — 37499.